Heloisa Galves
Regina M. Azevedo

PEQUENO LIVRO DO AMOR ALEMDALENDA

5ª edição

Outras Palavras

Fotocomposição e projeto gráfico: Outras Palavras
Ilustrações: Alexandre Rampazzo, inspiradas em personagens de Heloisa Galves

COLEÇÃO ALEMDALENDA
Série PEQUENO LIVRO ALEMDALENDA

Conheça os outros!!
2 - Pequeno Livro dos Anjos Alemdalenda
3 - Pequeno Livro da Sorte Alemdalenda
4 - Pequeno Livro das Virtudes Alemdalenda

Receba seu exemplar pelo Correio!!
Envie seu pedido para:

Outras Palavras Prod, Editoriais e Com. Ltda.
Rua Santo Egídio, 709, cj. 141
☎ / Fax (011) 6959-4823
e-mail: reginama@uol.com.br
CEP 02461-011 São Paulo SP

Apresentação

Este livro foi escrito para você que acredita na sincronicidade e no amor. O que aqui apresentamos não são meras recomendações nem reflexões aleatórias acerca de um tema tão complexo. Muitas dessas frases aparentemente fáceis e singelas foram baseadas numa técnica de comunicação elaborada por Richard Bandler e John Grinder, dois loucos daqueles que manifestam uma loucura santa, que vivem observando as pessoas e inventando coisas para melhorar a humanidade.

Essa técnica conhecida como PNL – ou Programação Neurolingüística – nos ensina que cada ser humano apreende o mundo de uma maneira particular. E porque não compreendemos o sistema representacional do outro, às vezes fica difícil entendê-lo, mesmo que o amemos de todo o nosso coração...

Também nos baseamos no princípio da sincronicidade desenvolvido pelo brilhante psiquaitra suíço Carl Gustav Jung. Acreditamos que as coisas não acontecem "por acaso" e que se você abrir aleatoriamente este livro e optar pela página da direita ou da esquerda, ela trará uma mensagem muito útil e adequada para o seu momento, uma dica que os símbolos do seu inconsciente não conseguiram tornar compreensível à sua consciência até então.

Usado como um oráculo, para meditação ou simples entretenimento, o que importa mesmo é que deixemos as portas abertas para o amor, o sentimento que mais motiva e emociona a humanidade. Se nossas reflexões lhe fornecerem uma chave que seja dos sublimes portais do coração, já nos sentiremos felizes e recompensadas. Amorosamente (e com as bênçãos de Glum, o gnomo do amor),

Heloisa Galves e Regina M. Azevedo

Com amor, para Tarcísio e Giuliano.
H.G.

Aos que amei, aos que amo, aos que amarei.
R.M.A.

Quando o amor lhe chamar, esteja atento; ele pode se manifestar através de um sussurro do vento, a chama de um olhar, um presente com um laço bem feito, uma lágrima perdida. Assim é o amor: um misterioso código somente compreensível aos que se dispõem a amar.

No amor verdadeiro há lugar para as diferenças: os opostos que se atraem, o doce e o azedo, o Sol e a Lua, a razão e a emoção, quando bem combinados, resultam em misturas de sabores, texturas e aromas inigualáveis.

Dê um tempo para o ser amado
ficar só. Todo mundo gosta
de ter seu espaço e ninguém
quer se sentir amarrado.
"Ter saudade até que é bom";
só duas pessoas inteiras
podem constituir as caras
metades que compõem
um casal apaixonado.

Não morra de ciúme.
A beleza e a inteligência que
existem para ser admiradas não
são de seu uso exclusivo.
Aprenda a apreciar e valorizar
as pessoas, cultivando em si
mesma as virtudes que o ser
amado tanto aprecia nos outros.

Jogue limpo. Deixe de lado as artimanhas e os subterfúgios para ter a pessoa amada a seu lado. Em vez de ficar inventando bobagens e dando vexame, use seu tempo para crescer e aprender alguma coisa nova que o tornará mais atraente. Amar só vale a pena se for uma escolha diária.

Seu amor se atrasou? Nada de broncas nem cobranças... Ouça primeiro suas razões antes de começar com o sermão. Se as coisas não estão fáceis, um pouco de carinho e atenção servirão para reverter a onda de má sorte que a pessoa amada vem enfrentando.

Se o trabalho vem em primeiro lugar para a pessoa amada, faça dele seu aliado. Aos poucos, você irá ocupando os espaços desse seu arqui-rival; as tarefas parecem mais leves quando compartilhadas com alguém que amamos. Uma palavra de conforto eleva a auto-estima e ameniza o estresse.

Você não é tão auto-suficiente que não precise de carinho. Por isso, peça colo sempre que desejar e ofereça seu ombro em troca, num gesto de humildade e companheirismo.

Nada pior do que dividir as atenções quando se trata de amor. Por isso, ame quantas vezes desejar, mas uma pessoa de cada vez. Dar-se por inteiro e o melhor de si é o principal aprendizado nesse exercício de amar.

Um pequeno gesto de atenção – um bilhete, uma flor, um telefonema – é tudo o que a pessoa amada precisa agora. Não negue a ela tão pouco: seria como negar um sopro de ar a si mesmo.

Não fique remoendo dores de amores. Dê a volta por cima e retome o relacionamento a partir de lembranças dos bons momentos.

Ser fiel à pessoa amada é,
antes de tudo, um
exercício de fidelidade
para consigo mesmo.

Ao amar, faça o seu melhor. Em certas ocasiões, o trem da felicidade não passa duas vezes pela mesma estação.

Gosto não se discute: se vocês fossem tão iguais, provavelmente não estariam juntos. Experimente o ponto de vista do outro: a paisagem pode ser deslumbrante.

Você não precisa estar lá o tempo todo. Seu lugar cativo deve ser em algum cantinho do coração da pessoa amada.

Arrume um tempo para namorar. O trabalho acumulado parecerá mais leve depois de uma gostosa noite de amor.

Você só encontra a liberdade dentro de si mesmo. Estar com alguém pode ser uma atitude madura, reconfortante e altamente libertadora.

Confesse seus medos, fale sobre suas expectativas, desejos e ilusões. Apesar de distorcer a realidade, as palavras ainda são a forma de expressão mais usada entre os seres humanos.

Por favor, muito obrigado, desculpe, com licença: se sua mãe lhe deu educação, estas palavras soam bem familiares... Por que esquecê-las quando se trata do seu amor?

Não crie rotinas, não queira
programar o seu amor.
Nada mais chato que fazer
amor com hora marcada...

Viver a dois é uma arte.
Assim, use toda a sua
inspiração e sensibilidade
como o artista que se
empenha na realização
de uma obra-prima
única e imortal.

Se você deu uma mancada,
não se atormente. Somos
apenas humanos e "perdão
foi feito pra gente pedir".

Hoje é dia de surpresa. Capriche na receita favorita da pessoa amada, vista-se com uma roupa especial, realize um passeio inesperado. Ela vai adorar esses pequenos gestos de amor.

Não combata fogo com fogo.
Às vezes é tempo de exigir,
outras vezes de ceder. A razão
pode dar lugar à emoção
e vice-versa. A água evita
que as chamas se alastrem
em outras direções.

Não dê ouvidos a intrigas.
Gestos e palavras podem
ser mal-interpretados
e pretensos amigos
podem ser traiçoeiros.

Comer um cachorro-quente, se lambuzar de chocolate, apreciar um bom vinho numa só taça: descubra, nos pequenos gestos, os insuperáveis sabores do amor.

Um passeio de mãos dadas, um suspiro ao luar, um abraço inesperado, a mão que desliza sobre a face... Quem não gosta de um carinho?

O mau-humor se rende sempre a uma palavra de amor. Quem, em sua frieza, dá uma patada, na maioria das vezes se derrete ao calor de um abraço.

Compartilhe os maus momentos do ser amado manifestando seu apoio. Às vezes o silêncio é sábio, um sorriso vale mais que mil palavras e um simples carinho provoca uma avalanche de amor.

A paixão nos torna tolos
e vulneráveis. Mas ser genial
e correto o tempo todo
é tão monótono!!

Se a paixão esfriar, ponha lenha na fogueira. Não espere seu amor virar pó para tentar reconstruí-lo das cinzas.

Se você brigou com o ser amado,
olhe bem no fundo dos seus olhos
e tente, por um instante, resgatar
aquela pessoa maravilhosa
por quem você se apaixonou.

Não tema o amor. Excluí-lo da sua vida é um ato de covardia que só conduz à tristeza e ao arrependimento. Amar sempre vale a pena.

Não existe a pessoa certa,
assim como nós mesmos não
somos certinhos. Respeitar
o modelo de mundo do outro
é também uma prova de amor.

Nada acontece por acaso.
Se você não tem certeza,
arrisque-se. É melhor
se arrepender por ter feito
que chorar por aquilo
que não fez.

Quem tiver um bom palpite,
que aposte na loteria. Não dê
ouvidos às opiniões alheias
que, na maioria das vezes,
são pura projeção de problemas
mal-resolvidos dos outros.

Em vez de mandar flores, experimente dizer "eu te amo". Há quem prefira o amor expresso através de palavras, mesmo que elas pareçam tolas ou banais.

Estar de bem com a vida pressupõe um espaço reservado para acolher as dores e as inseguranças do ser amado. Quando nem tudo são flores, cabe ao parceiro mais poderoso e sábio colaborar com o crescimento do outro.

A verdade é um mar imenso; um copo de água salgada não representa o mar. Por isso, ouça, pondere e só então reveja suas crenças, tentando buscar um denominador comum com as idéias do parceiro. Esse é o caminho mais curto para encontrar o que é verdadeiro para ambos.

"Todas as suas ações, boas ou más, voltarão para você triplicadas".

Essa importante máxima da Bruxaria vale também para o amor.

Jogos de amor úteis: brincadeiras, carícias, surpresas agradáveis, bilhetinhos, passeios por lugares especiais, sair para dançar, ficar a sós fazendo planos para o futuro. Escolha o seu, use e abuse.

Jogos de amor inúteis: ciúmes, comparações, provocações, críticas, lembranças de situações desagradáveis, projeções de expectativas e complexos, dissimulações para não expor seus verdadeiros sentimentos. Esqueça estes jogos e dê preferência a um dos da página anterior. E bom proveito!

Você é capaz de adivinhar o que o outro mais deseja? Parabéns! Quem não nasceu dotado dessa "paranormalidade" natural, também será capaz de bancar o adivinho usando uma fórmula bem simples: basta perguntar!

Cuidado com o zelo exagerado.
As redomas de vidro protegem,
mas também podem sufocar.
A brisa leve refresca e
renova o ar viciado.

Por mais doloroso que possa parecer, um rompimento pode representar a grande virada rumo a um novo começo.
A vida é cíclica, por isso tudo tem começo, meio e fim, com vistas à renovação. Saiba reconhecer a transformação necessária.

No dicionário do amor, traição é palavrão. Tudo o que bate volta, por isso aja com a máxima sinceridade, principalmente para consigo mesmo. Quase sempre a traição dói mais que a separação.

O Universo opera mudanças sutis a todo instante. Às vezes, só percebemos as transformações depois de muitos anos e já nem reconhecemos a pessoa que está a nosso lado há tanto tempo. Você é capaz de se apaixonar diariamente por esse novo parceiro?

Sintonize-se com a Inteligência
Superior e esteja certo de que
nada acontece por acaso...
A vida faz com que a pessoa
certa chegue até você porque
o carma existe e conspira para
que se realizem os grandes
e significativos encontros.

Há quem prefira um abraço
e um beijinho carinhoso a
mil palavras de amor.
Que tal experimentar?

Quem vive levando tombo
está sempre arranhado...
Deixe cicatrizar as feridas de
um antigo amor antes de
se lançar a uma nova
empreitada. Dê tempo para
que seu corpo, sua mente e
seu coração se recuperem de
antigos males de amor.

Tudo aquilo em que pensamos cria sua própria existência. O segredo reside em materializar nossos desejos na dimensão tempo/espaço em que nos encontramos, para que possamos usufruir deles. A grande sacada é saber identificar o momento certo.

Às vezes deixamos o amor passar por acharmos que a esmola é demais. Em vez de falsa modéstia, experimente a sensação de ser merecedor. Mais do que isso: faça por merecer!

O verdadeiro amor exige entrega. Os que brincam de amar e pensam ser possível experimentar todos os elixires, não saberão distinguir o doce néctar do amor sincero nesse festival de sabores.

Depois de desvendado o
grande mistério do *Eu* é que
as possibilidades se abrem para
Você. Mais do que isso, para
quem amadurece, a trilha conduz
a *Nós.* Somente quem se ama
é capaz de amar o outro.

A agitação da vida moderna tem dado lugar ao imediatismo do amor; quem só pensa em viver o hoje, se esquece de construir uma relação de verdade, capaz de perdurar ao longo dos anos.

Falar e calar na hora certa:
nisso consiste a verdadeira
sabedoria. O que sempre
quer ter razão, sobrepõe
sua voz à do coração;
nos caminhos do amor, nem
sempre a lógica conduz
ao melhor resultado.

Evite discussões tolas e improdutivas. Às vezes o outro precisa brigar sozinho para pôr ordem em seus pensamentos. Nesses casos, seu silêncio valerá mais que mil sábias palavras.

Não permita que seu amor
se transforme exclusivamente
em amizade. A sexualidade é
também uma expressão sagrada
do ser humano e representa a
sensível diferença entre esses
dois sentimentos tão próximos.

Descubra a beleza que os anos acrescentam ao parceiro e a si mesmo. Permita-se crescer e aprimorar-se; faça do tempo seu maior aliado e não o inevitável inimigo a ser combatido.